Impressum
Verlag: BABADADA GmbH, Nedderfeld 112 , 22529 Hamburg
Geschäftsführer / Verlagsleitung: Harald Hof
Druck: Books on Demand GmbH, In de Tarpen 42, 22848 Norderstedt

Imprint
Publisher: BABADADA GmbH, Nedderfeld 112 , 22529 Hamburg, Germany
Managing Director / Publishing direction: Harald Hof
Print: Books on Demand GmbH, In de Tarpen 42, 22848 Norderstedt, Germany

школа

школа

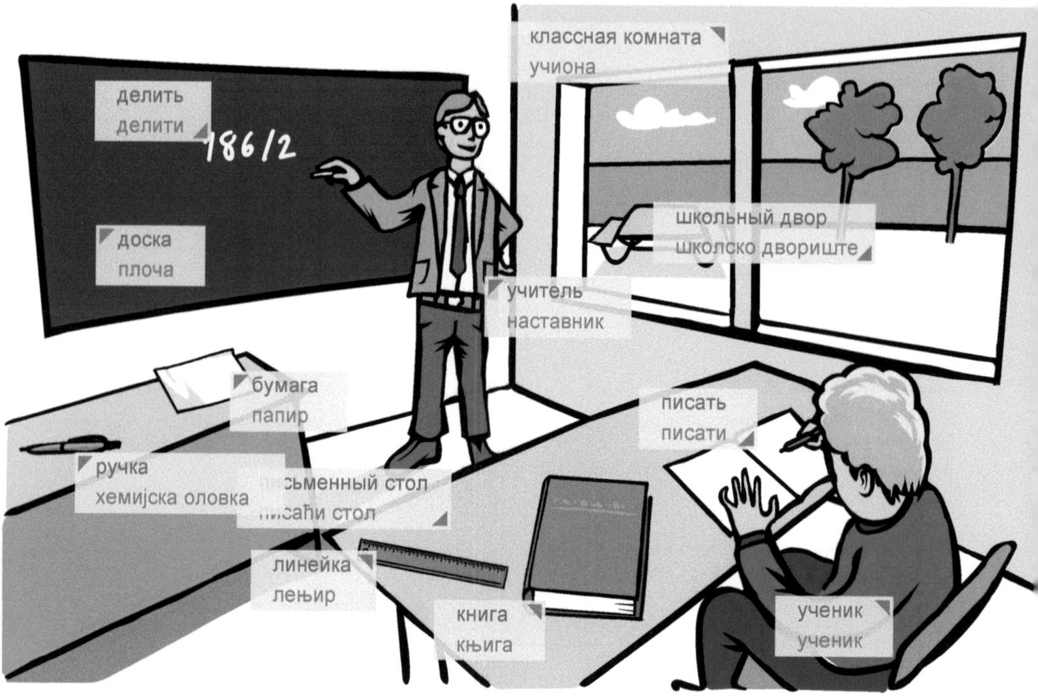

классная комната
учиона
делить
делити
186/2
доска
плоча
школьный двор
школско двориште
учитель
наставник
бумага
папир
писать
писати
ручка
хемијска оловка
письменный стол
писаћи стол
линейка
лењир
книга
књига
ученик
ученик

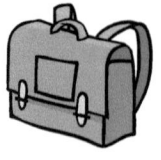

ранец

торба

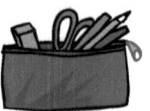

пенал

перница

карандаш

графитна оловка

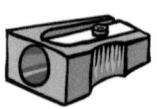

точилка

шиљило за оловке

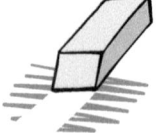

ластик

гумица за брисање

альбом для рисования

блок за цртање

рисунок
....
цртеж

кисточка
....
кист

коробка красок
....
кутија са бојама

ножницы
....
маказе

клей
....
лепило

тетрадь
....
бележница

домашняя работа
....
домаћи задатак

цифра
....
број

прибавлять
....
сабирати

вычитать
....
одузимати

умножать
....
множити

считать
....
рачунати

буква
....
слово

алфавит
....
абецеда

слово
....
реч

текст

текст

читать

читати

мел

креда

урок

час

классный журнал

дневник

экзамен

испит

диплом

сведочанство

школьная форма

школска униформа

образование

образовање

энциклопедия

лексикон

университет

универзитет

микроскоп

микроскоп

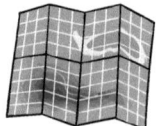

карта

карта

корзина для бумаг

кошара за папир

гостиница
хотел

Grand

турбаза
преноћиште

ROOMS

пункт обмена валюты
мењачница

EXCHANGE

чемодан
кофер

автомобиль
ауто

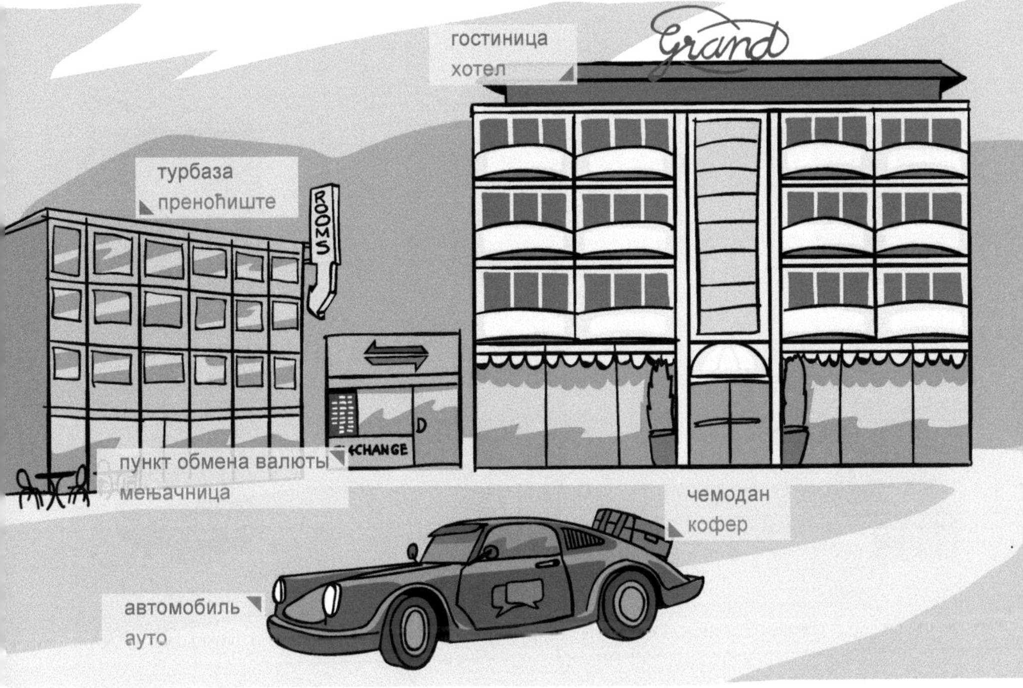

язык

језик

да / нет

да / не

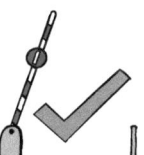

хорошо

океј

Привет

здраво

переводчик

преводилац

Спасибо

хвала

Сколько стоит...?

Колико кошта...?

Я не понимаю

не разумем

проблема

проблем

Добрый вечер!

добро вече!

Доброе утро!

Добро јутро!

Доброй ночи!

Лаку ноћ!

До свидания

довиђења

направление

смер

багаж

пртљага

сумка

торба

рюкзак

руксак

гость

гост

комната

соба

спальный мешок

врећа за спавање

палатка

шатор

туристическая информация

туристичке информације

пляж

плажа

кредитная карточка

кредитна картица

завтрак

доручак

обед

ручак

ужин

вечера

билет

карта за вожњу

лифт

лифт

почтовая марка

поштанска маркица

граница

граница

таможня

царина

посольство

амбасада

виза

виза

паспорт

пасош

путешествие - путовање

транспорт

транспорт

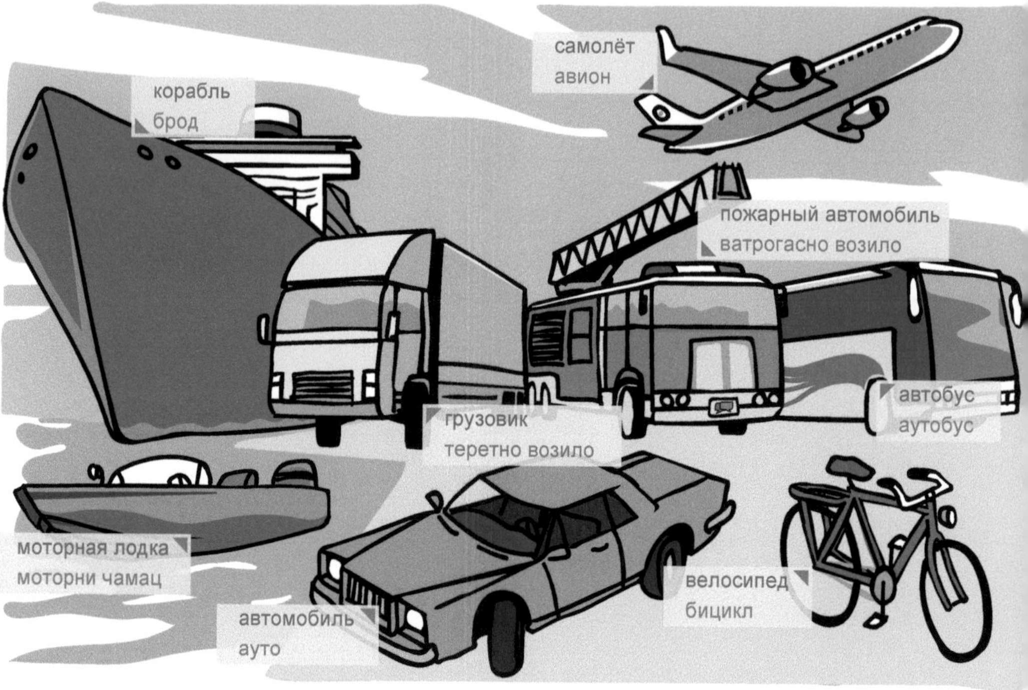

самолёт
авион
корабль
брод
пожарный автомобиль
ватрогасно возило
грузовик
теретно возило
автобус
аутобус
моторная лодка
моторни чамац
велосипед
бицикл
автомобиль
ауто

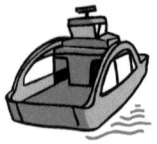

паром

трајект

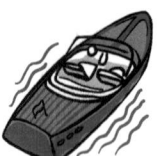

лодка

чамац

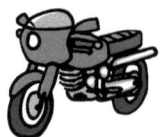

мотоцикл

мотоцикл

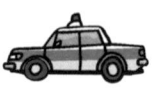

полицейский автомобиль

полицијски ауто

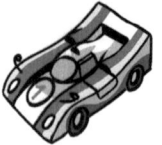

гоночный автомобиль

тркаћи ауто

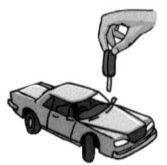

арендованный автомобиль

изнајмљено ауто

совместное пользование
автомобилями

деление аутомобила

буксировочный
автомобиль

вучно возило

мусоровоз

возило за одвоз смећа

двигатель

мотор

топливо

бензин

заправка

бензинска станица

дорожный знак

саобраћајни знак

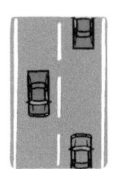

движение

саобраћај

пробка

застој

автостоянка

паркиралиште

вокзал

железничка станица

рельсы

шине

поезд

воз

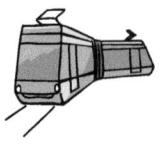

трамвай

трамвај

вагон

вагон

вертолёт

хеликоптер

аэропорт

аеродром

вышка

кула

пассажир

путник

контейнер

контејнер

коробка

картон

тележка

колица

корзина

корпа

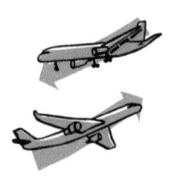

взлетать / приземляться

узлетети / слетети

город

град

деревня

село

центр города

центар града

дом

кућа

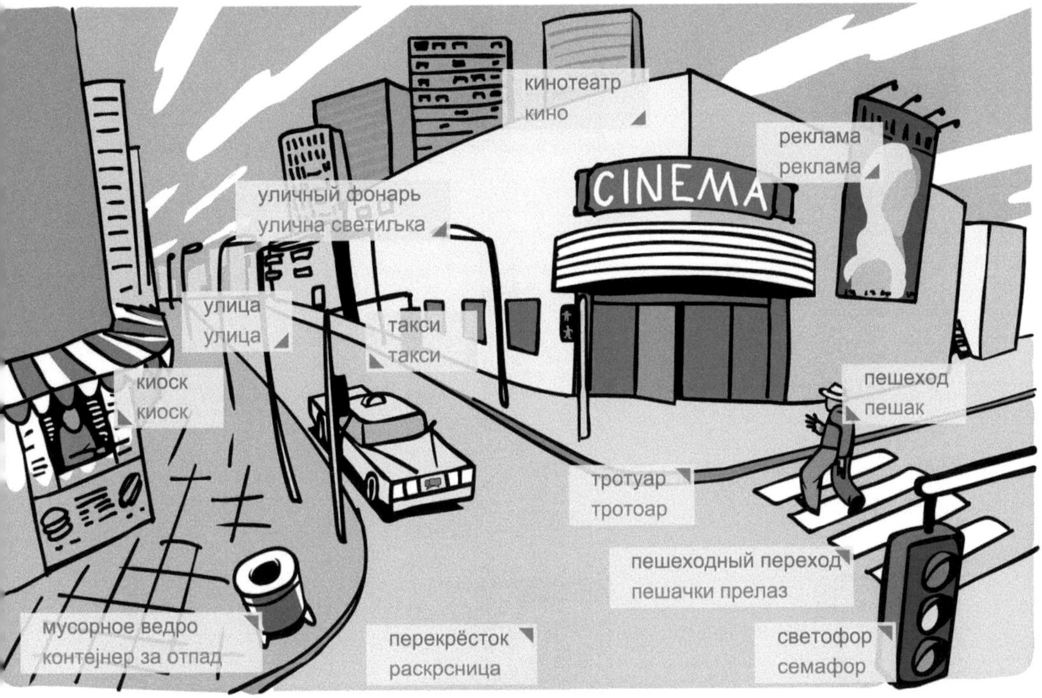

кинотеатр
кино

реклама
реклама

уличный фонарь
улична светиљка

улица
улица

такси
такси

пешеход
пешак

киоск
киоск

тротуар
тротоар

пешеходный переход
пешачки прелаз

мусорное ведро
контејнер за отпад

перекрёсток
раскрсница

светофор
семафор

хижина

колиба

квартира

стан

вокзал

железничка станица

ратуша

већница

музей

музеј

школа

школа

город - град

11

университет

универзитет

банк

банка

больница

болница

гостиница

хотел

аптека

апотека

офис

канцеларија

книжный магазин

књижара

магазин

продавница

цветочный магазин

цвећара

супермаркет

супермаркет

рынок

трг

универмаг

робна кућа

торговец рыбой

рибарница

торговый центр

трговачки центар

порт

лука

парк

парк

скамейка

клупа

мост

мост

лестница

степенице

метро

подземна железница

тоннель

тунел

автобусная остановка

аутобуска станица

бар

бар

ресторан

ресторан

почтовый ящик

поштанско сандуче

табличка с названием улицы

улични знак

паркометр

паркирни аутомат

зоопарк

зоолошки врт

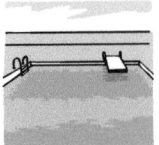

бассейн

базен

мечеть

џамија

город - град

ферма

сеоско газдинство

загрязнение окружающей среды

загађење околине

кладбище

гробље

церковь

црква

детская площадка

игралиште

храм

храм

ландшафт

пејсаж

лист
лист

дорожный указатель
путоказ

дорога
пут

луг
ливада

камень
камен

дерево
дрво

путешественник
шетач

река
река

трава
трава

цветок
цвет

долина

долина

гора

планина

озеро

језеро

лес

шума

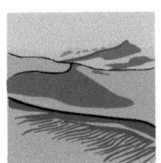

пустыня

пустиња

вулкан

вулкан

замок

дворац

радуга

дуга

гриб

гљива

пальма

палма

комар

москито

муха

мува

муравей

мрав

пчела

пчела

паук

паук

жук
....
буба

лягушка
....
жаба

белка
....
веверица

еж
....
јеж

заяц
....
зец

сова
....
сова

птица
....
птица

лебедь
....
лабуд

кабан
....
дивља свиња

олень
....
јелен

лось
....
лос

плотина
....
насип

ветряной генератор
....
ветрењача

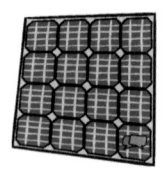

солнечная батарея
....
соларна плоча

климат
....
клима

ресторан

ресторан

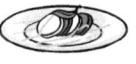

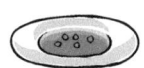

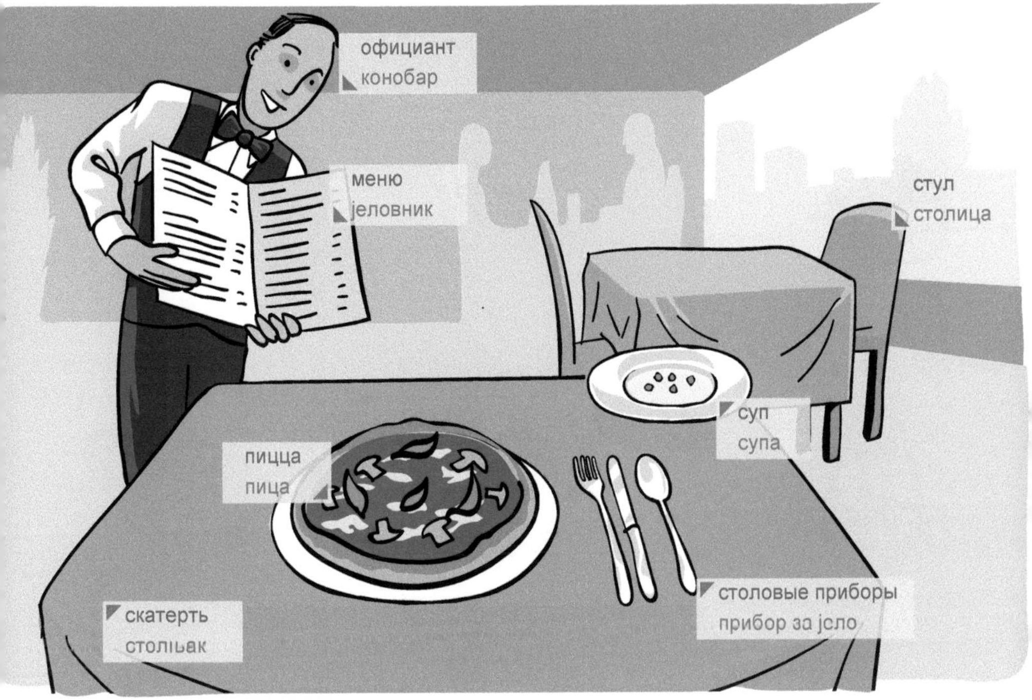
официант
конобар
меню
јеловник
стул
столица
суп
супа
пицца
пица
столовые приборы
прибор за јело
скатерть
столњак

закуска

предјело

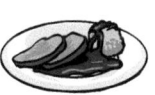

главное блюдо

главно јело

десерт

десерт

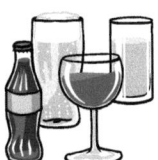

напитки

напитци

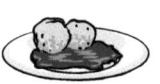

еда

јело

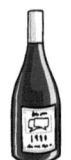

бутылка

флаша

фастфуд

брза храна

уличная еда

имбис храна

чайник

чајник

сахарница

доза за шећер

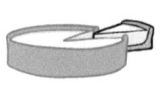

порция

порција

кофеварка

апарат за еспресо

детский стульчик

висока столица

счет

рачун

поднос

послужавник

нож

нож

вилка

виљушка

ложка

кашика

чайная ложка

чајна кашика

салфетка

салвета

стакан

чаша

тарелка
....
тањир

суповая тарелка
....
тањир за супу

блюдце
....
тањирић

соус
....
сос

солонка
....
сољенка

мельница для перца
....
млин за бибер

уксус
....
сирће

масло
....
уље

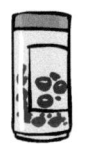

специи
....
зачини

кетчуп
....
кечап

горчица
....
сенф

майонез
....
мајонеза

супермаркет

супермаркет

специальное предложение
понуда
FOR
покупатель
купац
молочные продукты
млечни производи
фрукты
воће
тележка для покупок
колица за куповину

BUTCHERS

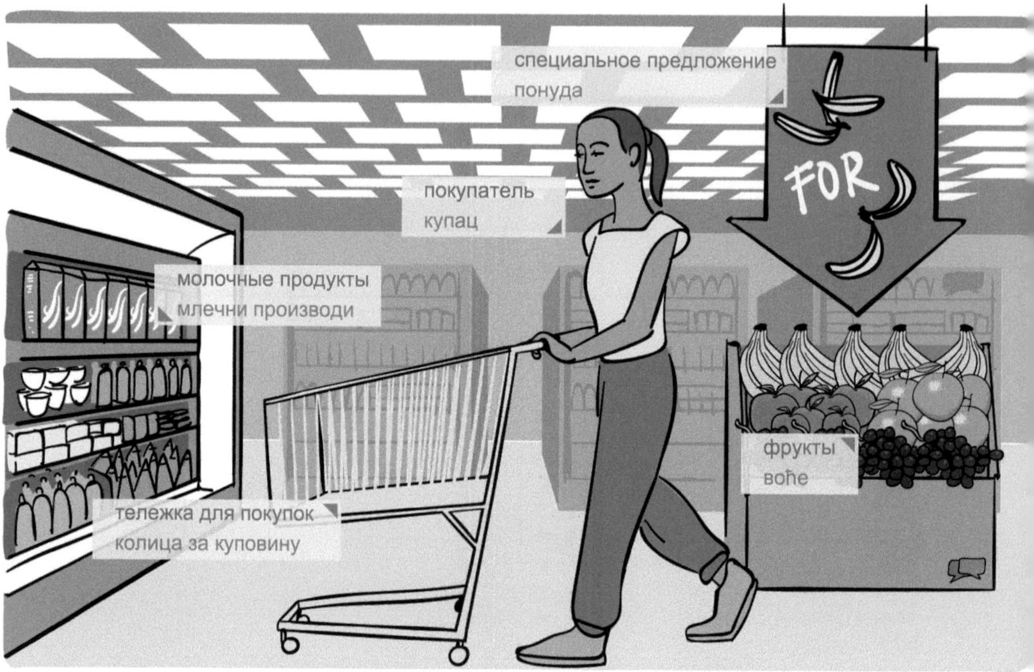

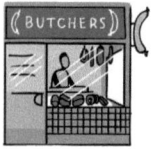

мясной магазин
месница

BAKERY

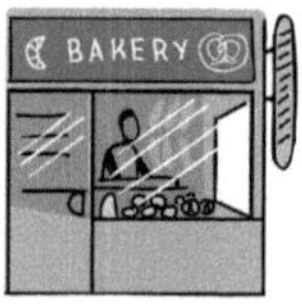

пекарня
пекара

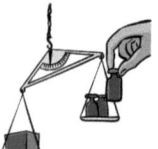

взвешивать
вагати

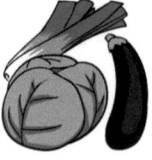

овощи
поврће

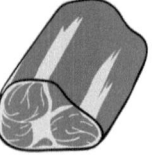

мясо
месо

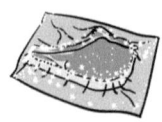

быстрозамороженные продукты
смрзнута храна

нарезка

нарезак

консервы

конзерве

стиральный порошок

средство за прање

сладости

слаткиши

предмет домашнего обихода

артикли за домаћинство

моющее средство

средства за чишћење

продавщица

продавачица

касса

благајна

кассир

благајник

список покупок

листа за куповину

время работы

време рада

бумажник

новчаник

кредитная карточка

кредитна картица

сумка

торба

полиэтиленовый пакет

пластична кеса

вода

вода

сок

сок

молоко

млеко

кока-кола

кола

вино

вино

пиво

пиво

алкоголь

алкохол

какао

какао

чай

чај

кофе

кава

эспрессо

еспресо

капучино

капућино

банан

банана

яблоко

јабука

апельсин

наранџа

арбуз

лубеница

лимон

лимун

морковь

шаргарепа

чеснок

бели лук

бамбук

бамбус

лук

лук

гриб

гљива

орехи

орашасти плодови

лапша

резанци

спагетти

шпагете

рис

рижа

салат

салата

картофель фри

помфрит

жареный картофель

печени крумпир

пицца

пица

гамбургер

хамбургер

сэндвич

сендвич

шницель

шницла

ветчина

шунка

салями

салама

колбаса

кобасица

курица

кокош

жаркое

печење

рыба

риба

овсяные хлопья

зобене пахуљице

мюсли

мусли

кукурузные хлопья

кукурузне пахуљице

мука

брашно

круассан

кроасан

булочка

пециво

хлеб

хлеб

тост

тоаст

печенье

кекси

масло

маслац

творог

свежи сир

пирог

колач

яйцо

jaje

яичница

jaje на око

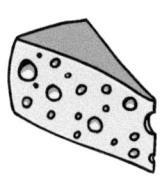

сыр

сир

мороженое

сладолед

сахар

шећер

мёд

мед

мармелад

мармелада

крем с нугой

нугат крема

карри

кари

ферма

сеоско газдинство

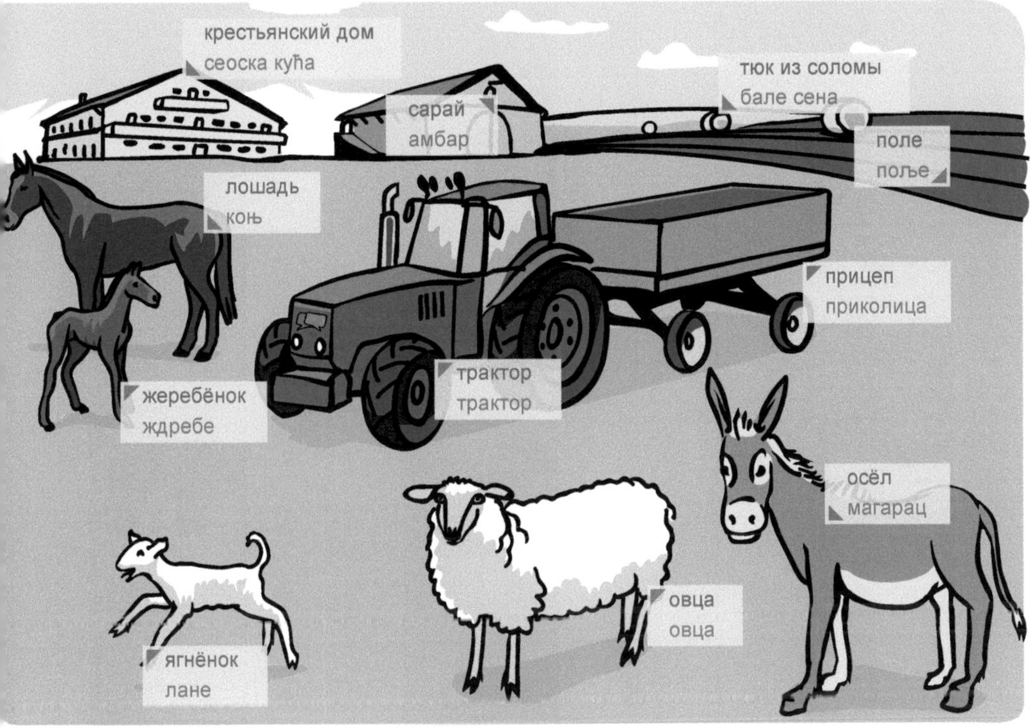
крестьянский дом
сеоска кућа
сарай
амбар
тюк из соломы
бале сена
поле
поље
лошадь
коњ
прицеп
приколица
трактор
трактор
жеребёнок
ждребе
осёл
магарац
овца
овца
ягнёнок
лане

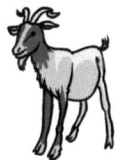

коза

коза

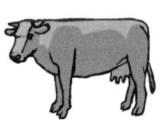

корова

крава

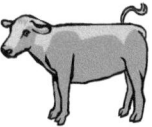

телёнок

теле

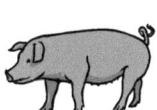

свинья

свиња

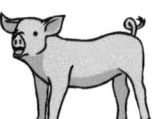

поросёнок

прасе

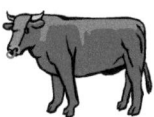

бык

бик

гусь
гуска

утка
патка

цыплёнок
пилићи

курица
кокош

петух
петао

крыса
пацов

кошка
мачка

мышь
миш

вол
вол

собака
пас

конура
кућица за пса

садовый шланг
вртно црево

лейка
канта за поливање

коса
коса

плуг
плуг

серп

срп

мотыга

мотика

навозные вилы

виљушка за ђубриво

топор

секира

тачка

тачке

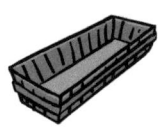

корыто

корито

бидон для молока

посуда за млеко

мешок

врећа

забор

ограда

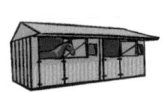

хлев

штала

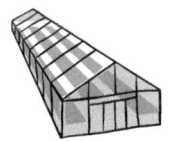

теплица

стакленик

почва

земља

посев

семе

удобрение

ђубриво

комбайн

комбајн

собирать урожай

жети

урожай

жетва

ямс

jамс зачин

пшеница

пшеница

соя

соja

картофель

крумпир

кукуруза

кукуруз

рапс

уљана репица

фруктовое дерево

воћка

маниок

гомољ маниоке

злаки

житарице

дом

кућа

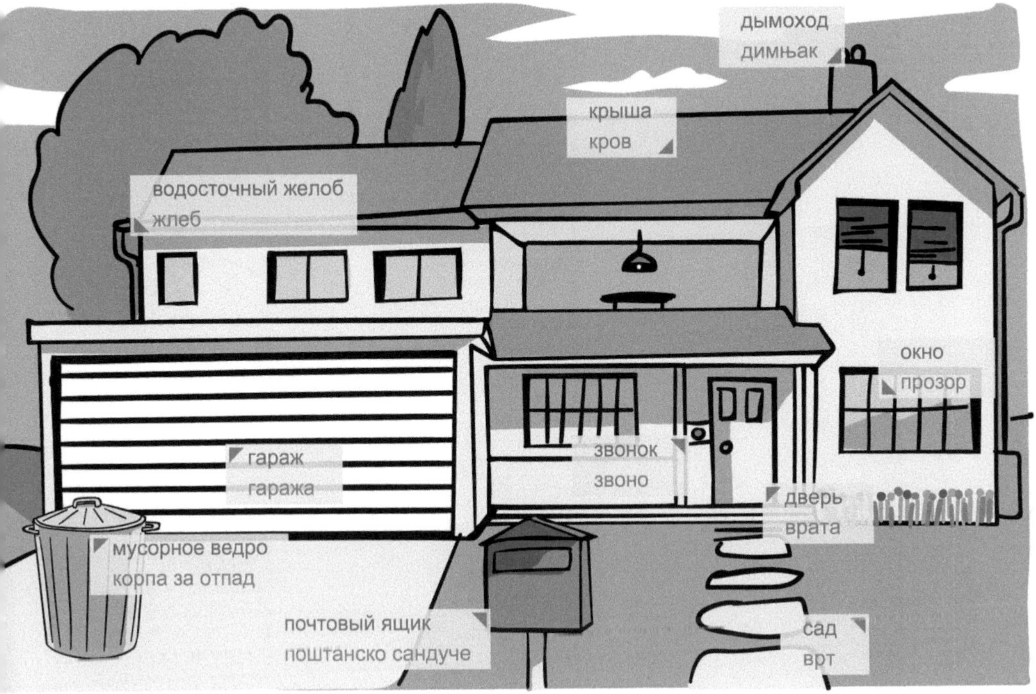

дымоход
димњак
крыша
кров
водосточный желоб
жлеб
окно
прозор
гараж
гаража
звонок
звоно
дверь
врата
мусорное ведро
корпа за отпад
почтовый ящик
поштанско сандуче
сад
врт

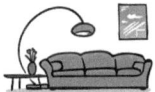

гостиная

дневна соба

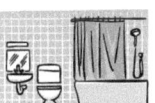

ванная комната

купаоница

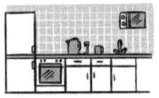

кухня

кухиња

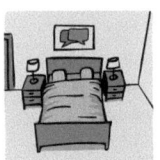

спальня

спаваћа соба

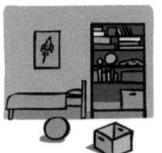

детская комната

дечија соба

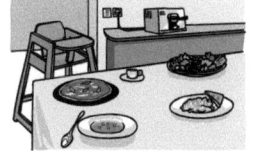

столовая

трпезарија

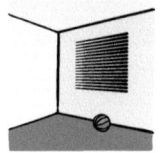

пол
....
под

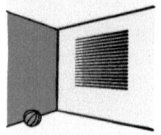

стена
....
зид

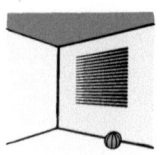

потолок
....
строп

подвал
....
подрум

сауна
....
сауна

балкон
....
балкон

терраса
....
тераса

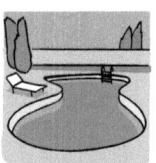

бассейн
....
базен

газонокосилка
....
косилица за траву

пододеяльник
....
постељина за кревет

покрывало
....
дека за кревет

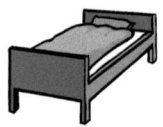

кровать
....
кревет

метла
....
метла

ведро
....
канта

выключатель
....
прекидач

гостиная

дневна соба

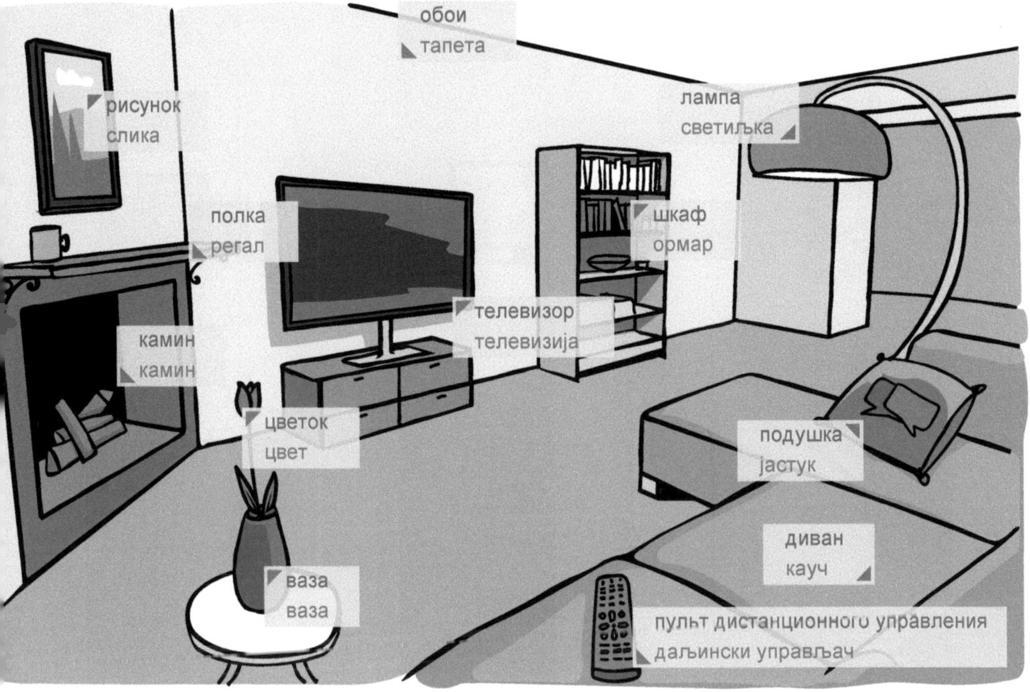

обои
тапета
рисунок
слика
лампа
светиљка
полка
регал
шкаф
ормар
телевизор
телевизија
камин
камин
цветок
цвет
подушка
јастук
диван
кауч
ваза
ваза
пульт дистанционного управления
даљински управљач

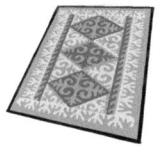

ковёр

тепих

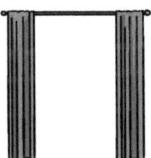

штора

завеса

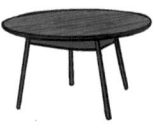

стол

сто

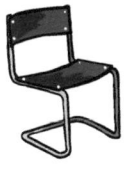

стул

столица

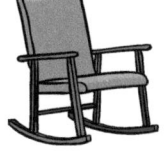

кресло-качалка

столица за њихање

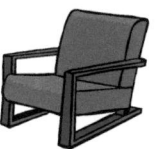

кресло

фотеља

книга

книга

покрывало

дека

украшение

декорација

дрова

дрво за огрев

фильм

филм

стереосистема

хи-фи уређај

ключ

кључ

газета

новине

картина

слика на платну

плакат

постер

радио

радио

блокнот

блок за писање

пылесос

усисивач

кактус

кактус

свеча

свећа

кухня
кухиња

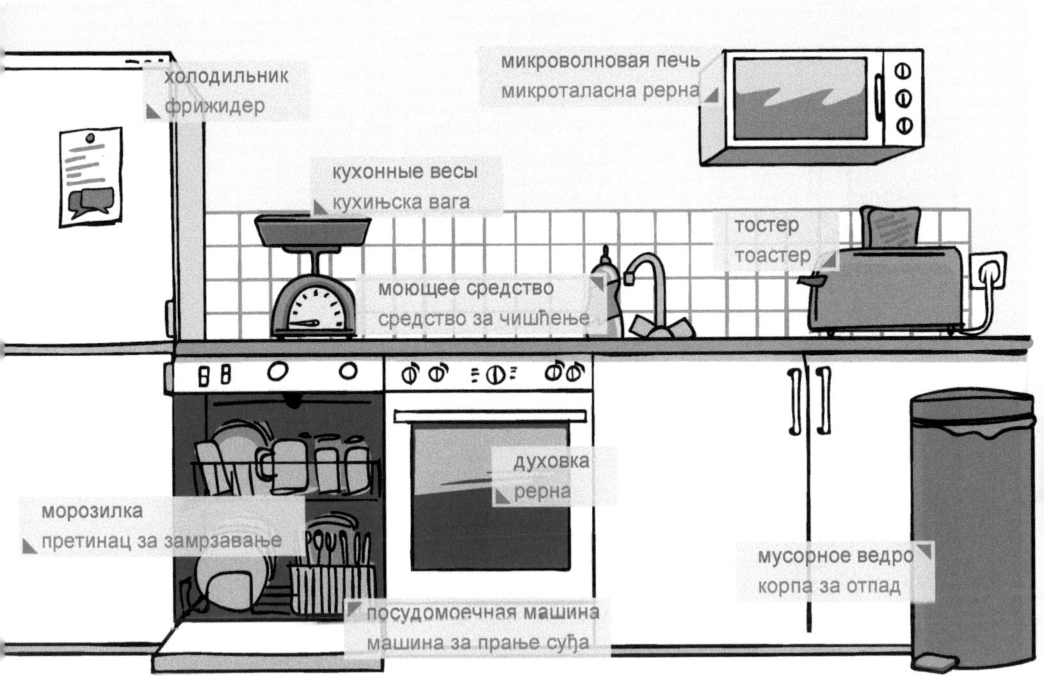
холодильник
фрижидер
микроволновая печь
микроталасна рерна
кухонные весы
кухињска вага
тостер
тоастер
моющее средство
средство за чишћење
духовка
рерна
морозилка
претинац за замрзавање
мусорное ведро
корпа за отпад
посудомоечная машина
машина за прање суђа

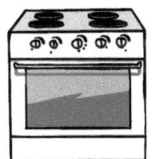

плита

шпорет

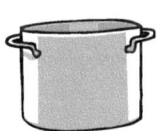

кастрюля

лонац

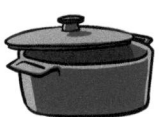

чугунный котелок

гвоздени лонац

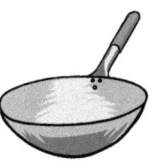

вок / кадай

вок / кадаи

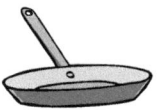

сковорода

тава

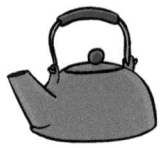

чайник

кувало за воду

пароварка

кувало на пару

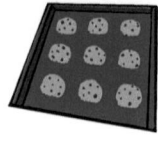

противень

лим за печење

посуда

посуђе

кружка

чаша

миска

посуда

палочки для еды

штапићи за jело

половник

кутлача

лопатка

лопатица

сбивалка

пењача

сито

сито за кување

сито

сито

тёрка

рибеж

ступка

мужар

гриль

роштиљ

костёр

огњиште

доска

даска

скалка

оклагија

штопор

вадичеп

жестяная банка

конзерва

консервный нож

отварач конзерви

прихватка

крпа за лонац

раковина

судопер

щетка

четка

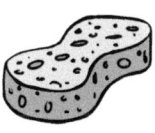

губка

сунђер

миксер

миксер

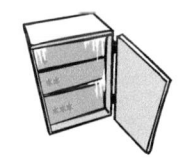

морозильная камера

замрзивач

бутылочка для кормления

флашица за бебе

кран

славина за воду

ванная комната

купаоница

отопление
грејање
полотенце
пешкир
душ
туш
душевая занавеска
завеса за туш
пенистая ванна
пенушава купка
ванна
када
стакан
чаша
стиральная машина
машина за прање веша
кран
славина за воду
плитка
плочице
горшок
тута
раковина
судопер

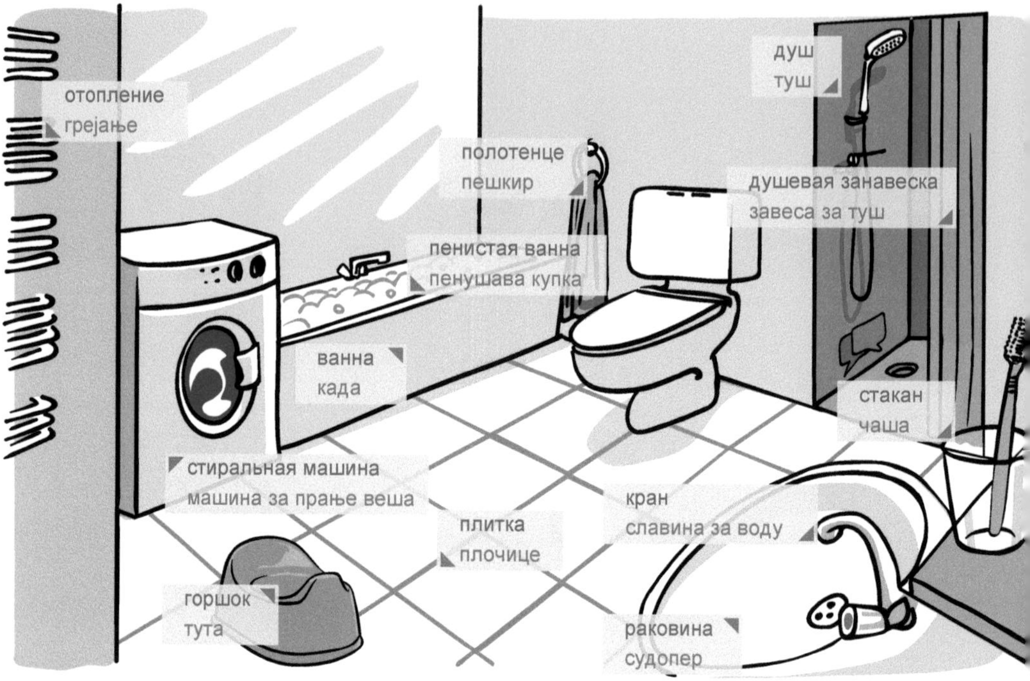

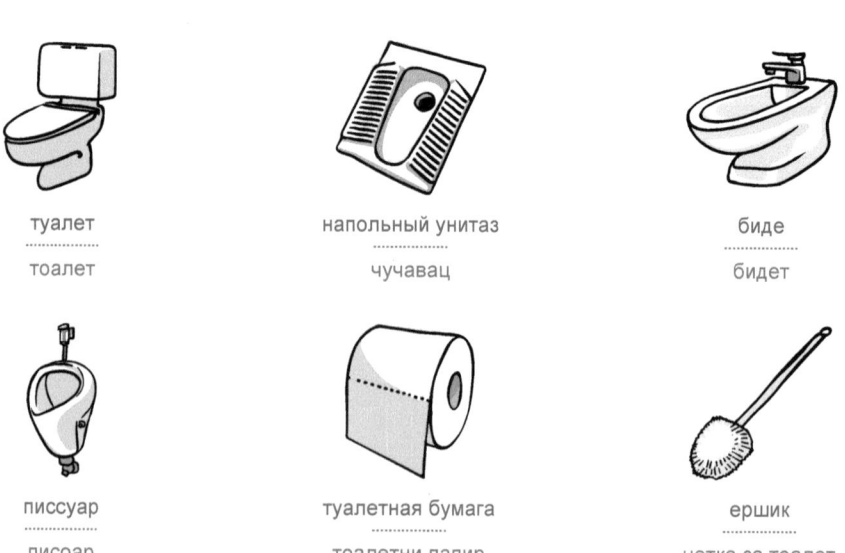

туалет

тоалет

напольный унитаз

чучавац

биде

бидет

писсуар

писоар

туалетная бумага

тоалетни папир

ершик

четка за тоалет

зубная щетка

четкица за зубе

зубная паста

паста за зубе

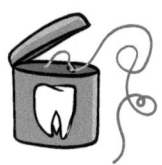

зубная нить

конац за зубе

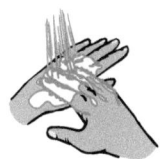

мыть

прати

ручной душ

туш ручица

интимный душ

туш за прање интимних делова

таз

лавор

щетка для спины

четка за прање леђа

мыло

сапун

гель для душа

гел за туширање

шампунь

шампон

мочалка

крпа за прање

сток

одвод

крем

крема

дезодорант

дезодоранс

зеркало

огледало

ручное зеркало

козметичко огледало

бритва

бријач

пена для бритья

пена за бријање

лосьон после бритья

лосион за после бријања

расческа

чешаљ

щетка

четка

фен

фен за косу

лак для волос

спреј за косу

косметика

шминка

губная помада

руж за усне

лак для ногтей

лак за нокте

вата

вата

маникюрные ножницы

маказе за нокте

духи

парфем

косметичка

········

козметичка торбица

табуретка

········

столица

весы

········

вага

халат

········

огртач

резиновые перчатки

········

рукавице за чишћење

тампон

········

тампон

гигиеническая прокладка

········

уложак

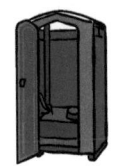

биотуалет

········

хемијски тоалет

детская комната
дечија соба

будильник
будилник
мягкая игрушка
плишана играчка
игрушечный автомобиль
ауто играчка
погремушка
звечка
кукольный домик
кућица за лутке
подарок
поклон

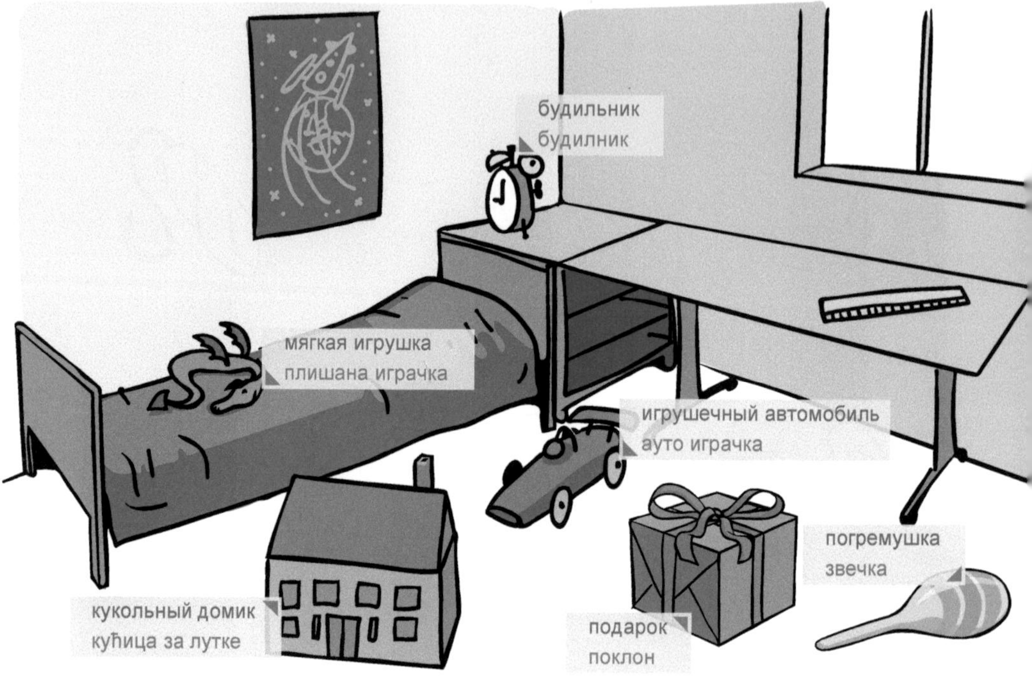

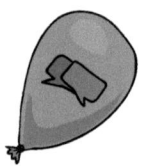

воздушный шар

балон

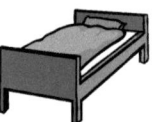

кровать

кревет

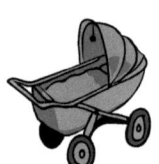

детская коляска

дјечија колица

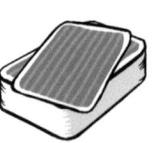

карточная игра

игра са картама

пазл

слагалица

SUPER
MEGA

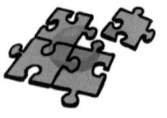

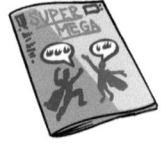

комикс

стрип

кирпичики Лего

лего коцкице

кубики

коцкице за слагање

игрушечная фигурка

акциони јунак

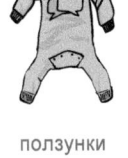

ползунки

бенкица за бебе

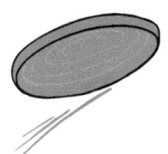

фрисби

фризби

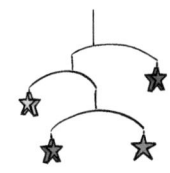

мобиле

висеће играчке

настольная игра

друштвене игре

кубик

коцка

модель железной дороги

минијатурна жељезница

соска

дуда

вечеринка

забава

книга с картинками

сликовница

мяч

лопта

кукла

лутка

играть

играти

песочница

пешчаник

качели

љуљачка

игрушка

играчка

игровая приставка

конзола за игре

трёхколесный велосипед

трицикл

плюшевый медвежонок

теди

шкаф для одежды

ормар

одежда
одећа

носки

кратке чарапе

чулки

чарапе

колготки

хулахопке

шарф
шал

зонтик
кишобран

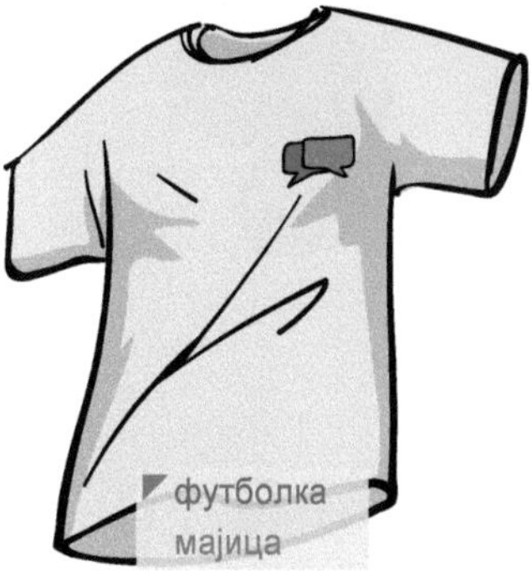

футболка
мајица

ремень
каиш

сапоги
чизме

тапки
папуче

кроссовки
патике

сандалии
сандале

ботинки
ципеле

резиновые сапоги
гумене чизме

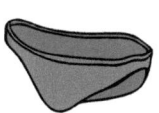
трусы
гаћице

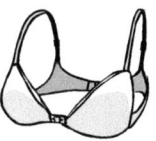
бюстгальтер
грудњак

майка
поткошуља

боди

боди

брюки

панталоне

джинсы

фармерке

юбка

сукња

блузка

блуза

рубашка

кошуља

свитер

џемпер

свитер

џемпер с капуљачом

спортивная куртка

сако

жакет

јакна

пальто

мантил

плащ

кабаница

костюм

костим

платье

хаљина

свадебное платье

венчаница

мужской костюм

одело

ночная сорочка

спаваћица

пижама

пиџама

сари

сари

платок

марама за главу

тюрбан

турбан

паранджа

бурка

кафтан

кафтан

абайя

абаја

купальник

купаћи костим

плавки

купаће гаћице

шорты

кратке панталоне

спортивный костюм

одећа за тренинг

фартук

кецеља

перчатки

рукавице

пуговица

дугме

очки

наочаре

браслет

наруквица

цепочка

огрлица

кольцо

прстен

серьга

наушница

шапка

капа

вешалка

вешалица

шляпа

шешир

галстук

кравата

застежка молния

патент затварач

шлем

кацига

подтяжки

нараменице

школьная форма

школска униформа

форма

униформа

детский нагрудник

подбрадак

соска

дуда

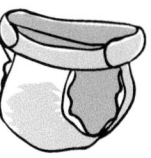

подгузник

пелена

офис
канцеларија

сервер
сервер

канцелярский шкаф
ормар за списе

принтер
штампач

бумага
папир

монитор
монитор

письменный стол
писаћи сто

мышь
миш

папка
мапа

клавиатура
тастатура

корзина для бумаг
кошара за папир

стул
столица

компьютер
компјутер

кофейная кружка

шалица за каву

калькулятор

калкулатор

интернет

интернет

ноутбук

лаптоп

письмо

писмо

сообщение

порука

мобильный телефон

мобилни телефон

сеть

мрежа

ксерокс

уређај за копирање

программа

софтвер

телефон

телефон

розетка

утичница

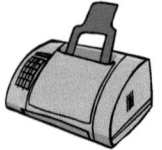

факс

факс

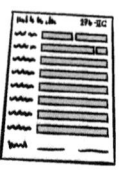

формуляр

формулар

документ

документ

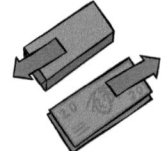

покупать

куповати

платить

платити

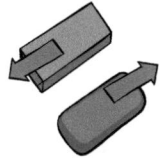

торговать

трговати

деньги

новац

 **USD**

доллар

долар

 **EUR**

евро

евро

 **JPY**

иена

јен

 **RUB**

рубль

рубља

 **CHF**

франк

швајцарски франак

 **CNY**

жэньминьби юань

ренминдби јуан

 **INR**

рупия

рупија

банкомат

аутомат за новац

пункт обмена валюты

мењачница

золото

злато

серебро

сребро

нефть

нафта

энергия

енергија

цена

цена

договор

уговор

налог

порез

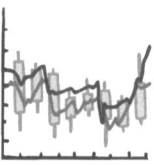

акция

деонице

работать

радити

служащий

службеник

работодатель

послодавац

фабрика

фабрика

магазин

продавница

профессии

занимања

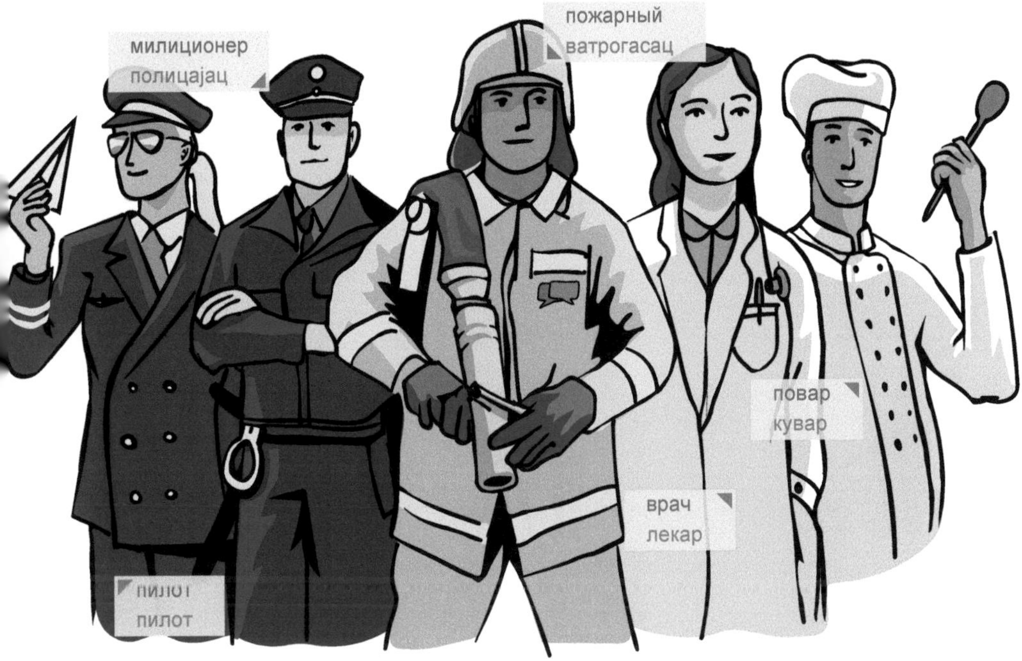
милиционер
полицајац
пожарный
ватрогасац
повар
кувар
врач
лекар
пилот
пилот

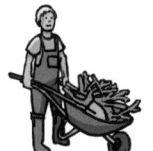

садовник

вртлар

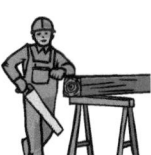

столяр

столар

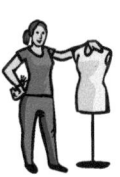

швея

кројачица

судья

судија

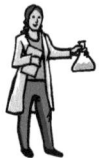

химик

хемичар

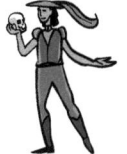

актёр

глумац

водитель автобуса

возач аутобуса

таксист

возач таксија

рыбак

рибар

уборщица

чистачица

кровельщик

кровопокривач

официант

конобар

охотник

ловац

художник

сликар

пекарь

пекар

электрик

електричар

строитель

грађевински радник

инженер

инжењер

мясник

месар

сантехник

лимар

почтальон

поштар

солдат

војник

архитектор

архитекта

кассир

благајник

флорист

цвећар

парикмахер

фризер

кондуктор

кондуктер

механик

механичар

капитан

капетан

зубной врач

зубар

ученый

научник

раввин

раби

имам

имам

монах

монах

священник

свећеник

инструменты
алати

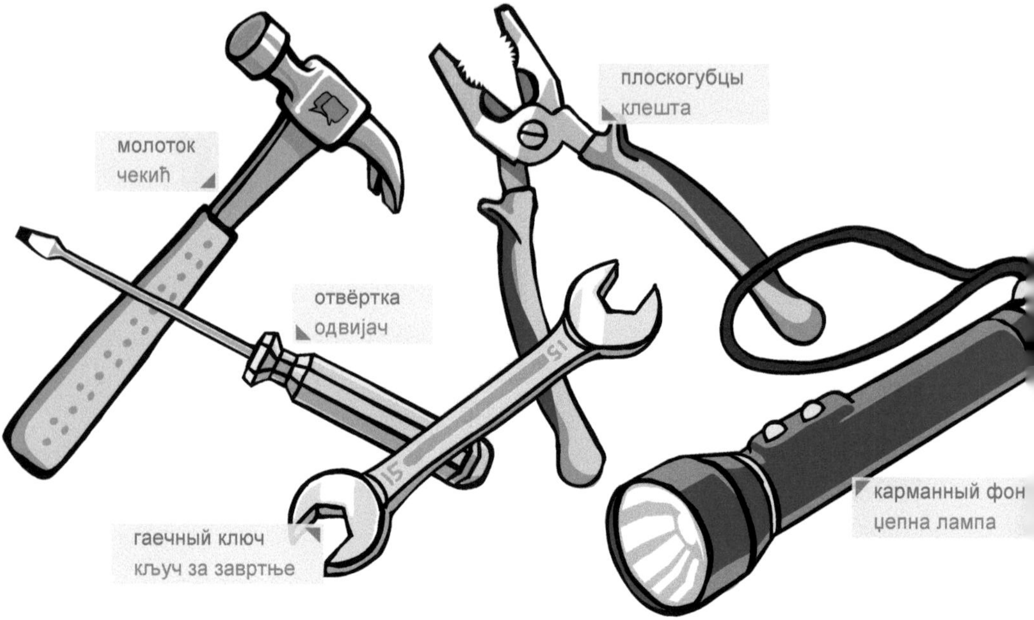
плоскогубцы
клешта
молоток
чекић
отвёртка
одвијач
карманный фон
џепна лампа
гаечный ключ
кључ за завртње

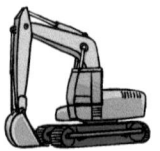

экскаватор

багер

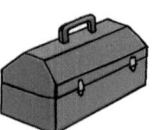

ящик для инструментов

кутија за алат

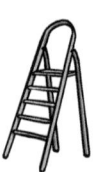

стремянка

мердевине

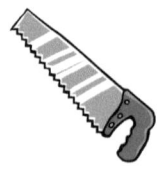

пила

пила

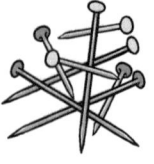

гвозди

ексер

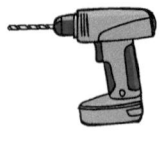

дрель

бушилица

ремонтировать

поправити

лопата

лопата

Блин!

до ђавола!

совок

лопатица

ведро с краской

лонац за боју

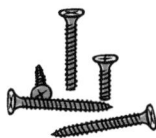

винты

завртањи

музыкальные инструменты
музычки инструмент

громкоговоритель
звучник

ударный инструмент
бубњеви

гитара
гитара

контрабас
контрабас

труба
труба

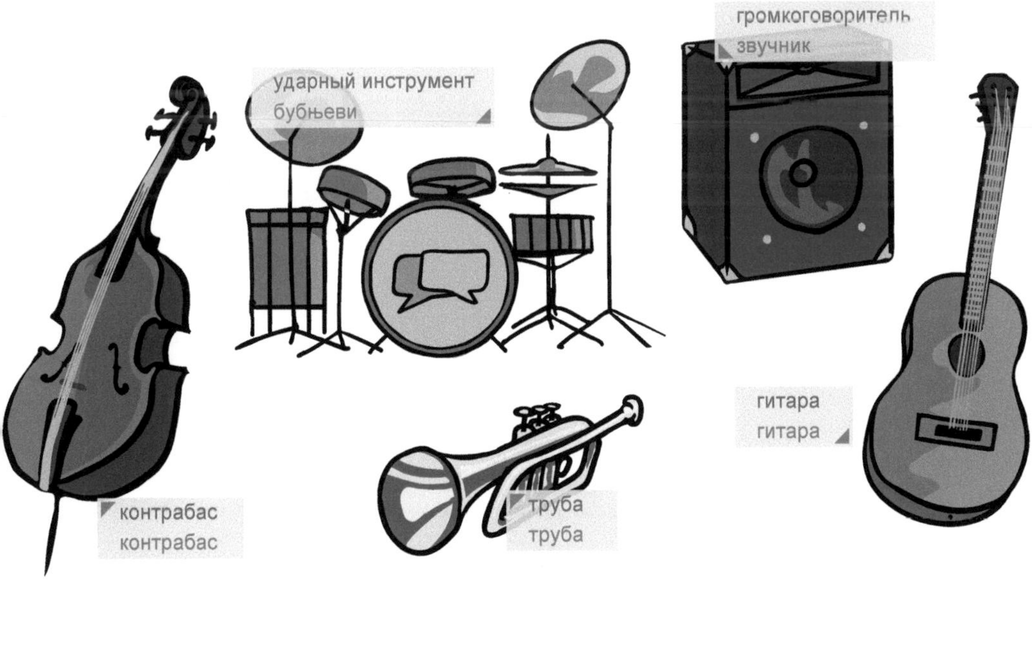

пианино

клавир

скрипка

виолина

бас-гитара

бас

литавры

тимпани

барабан

удараљке за бубњеве

синтезатор

типке клавира

саксофон

саксофон

флейта

флаута

микрофон

микрофон

зоопарк

зоолошки врт

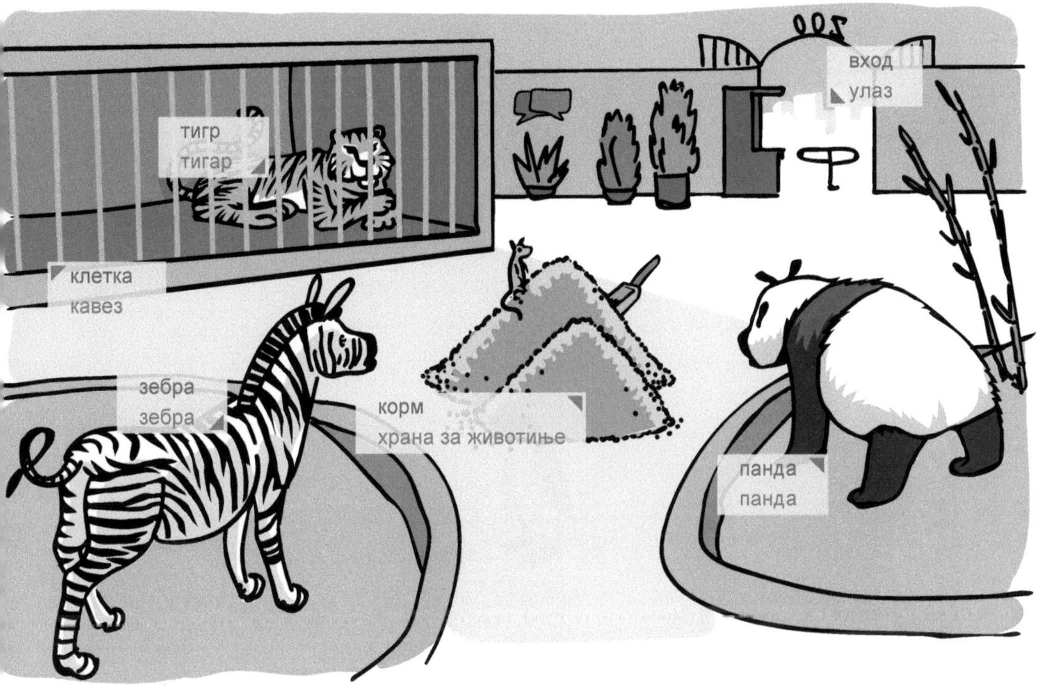
вход
улаз
тигр
тигар
клетка
кавез
зебра
зебра
корм
храна за животиње
панда
панда

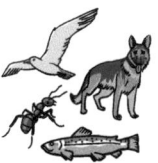

животные

животиње

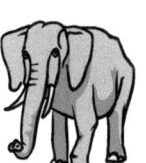

слон

слон

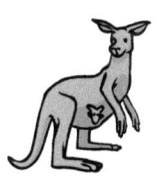

кенгуру

кенгур

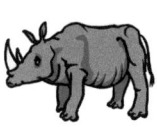

носорог

носорог

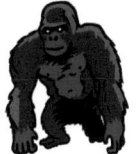

горилла

горила

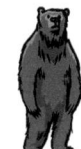

медведь

медвед

верблюд

камила

страус

ној

лев

лав

обезьяна

мајмун

фламинго

фламинго

попугай

папагај

белый медведь

поларни медвед

пингвин

пингвин

акула

ајкула

павлин

паун

змея

змија

крокодил

крокодил

служитель зоопарка

чувар у зоолошком врту

тюлень

туљан

ягуар

јагуар

пони
пони

леопард
леопард

бегемот
нилски коњ

жираф
жирафа

орёл
орао

кабан
дивља свиња

рыба
риба

черепаха
корњача

морж
морж

лиса
лисица

газель
газела

американский футбол
амерички ногомет

езда на велосипеде
бициклизам

теннис
тенис

баскетбол
кошарка

плавание
пливање

бокс
бокс

хоккей
хокеј на леду

футбол
фудбал

бадминтон
бадминтон

лёгкая атлетика
атлетика

гандбол
рукомет

лыжный спорт
скијање

поло
поло

действия

активности

прыгать
скочити
обнимать
загрлити
смеяться
смејати се
идти
ићи
петь
певати
мечтать
сањати
молиться
молити се
целовать
пољубити

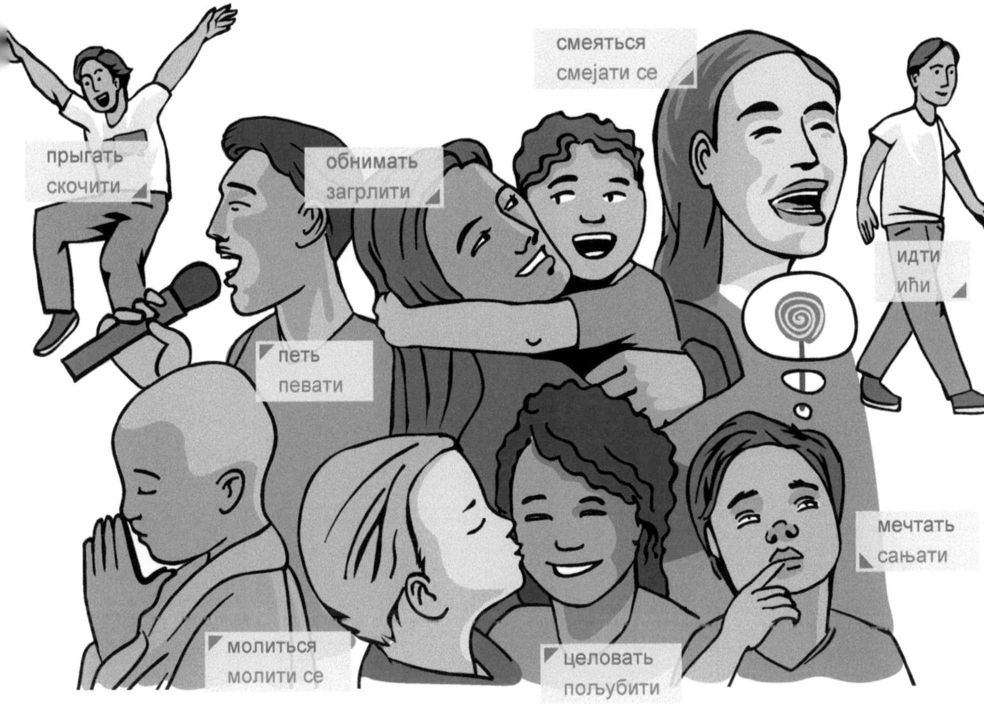

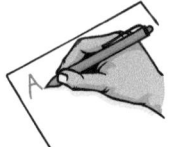

писать

писати

рисовать

цртати

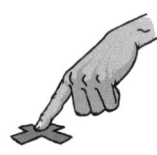

показывать

показати

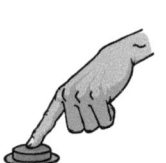

нажимать

гурати

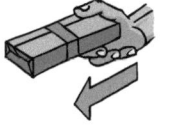

давать

дати

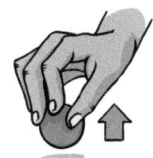

брать

узети

иметь
имати

делать
чинити

быть
бити

стоять
стојати

бежать
трчати

тянуть
повлачити

бросать
бацити

падать
падати

лежать
лежати

ждать
чекати

носить
носити

сидеть
седити

надевать
облачити

спать
спавати

просыпаться
пробудити се

рассматривать

гледати

плакать

плакати

гладить

миловати

причесывать

чешљати

говорить

говорити

понимать

разумети

спрашивать

питати

слушать

слушати

пить

пити

кушать

јести

наводить порядок

поспремити

любить

волети

готовить

кухати

ехать

возити

летать

летети

ходить под парусом

пловити

считать

рачунати

читать

читати

учиться

учити

работать

радити

вступать в брак

венчати се

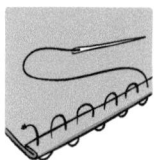

шить

шити

чистить зубы

прати зубе

убивать

убити

курить

пушити

отправлять

послати

семья
породица

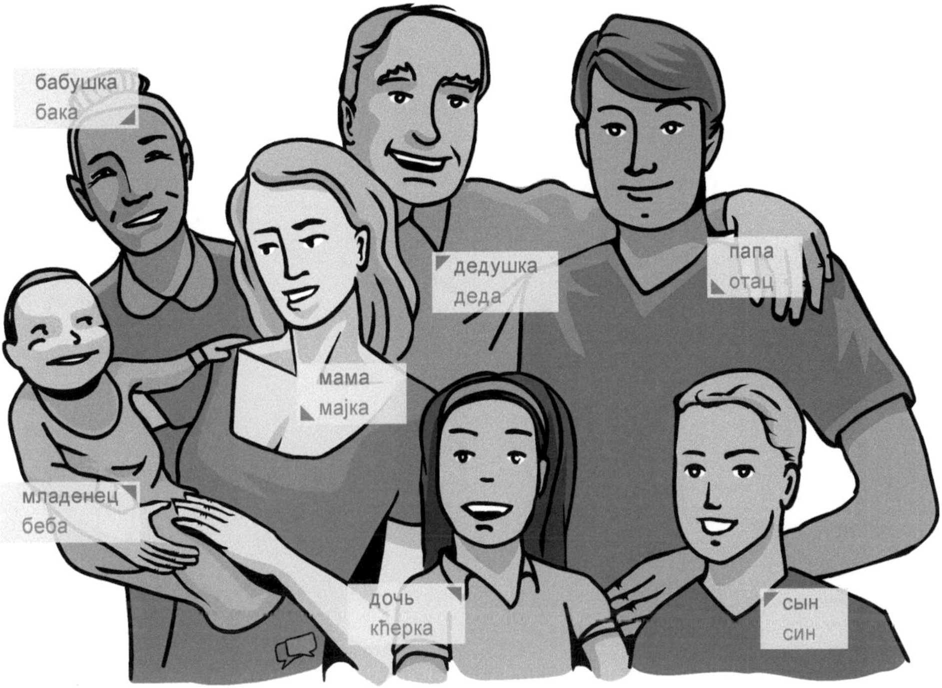
бабушка
бака
дедушка
деда
папа
отац
мама
мајка
младенец
беба
дочь
кћерка
сын
син

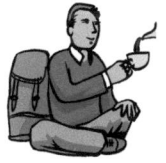

гость

гост

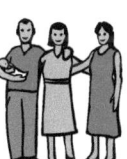

тетя

тетка

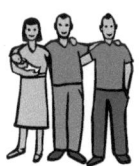

дядя

ујак, стриц

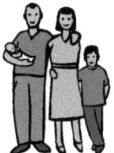

брат

брат

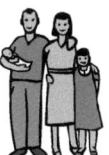

сестра

сестра

тело

тело

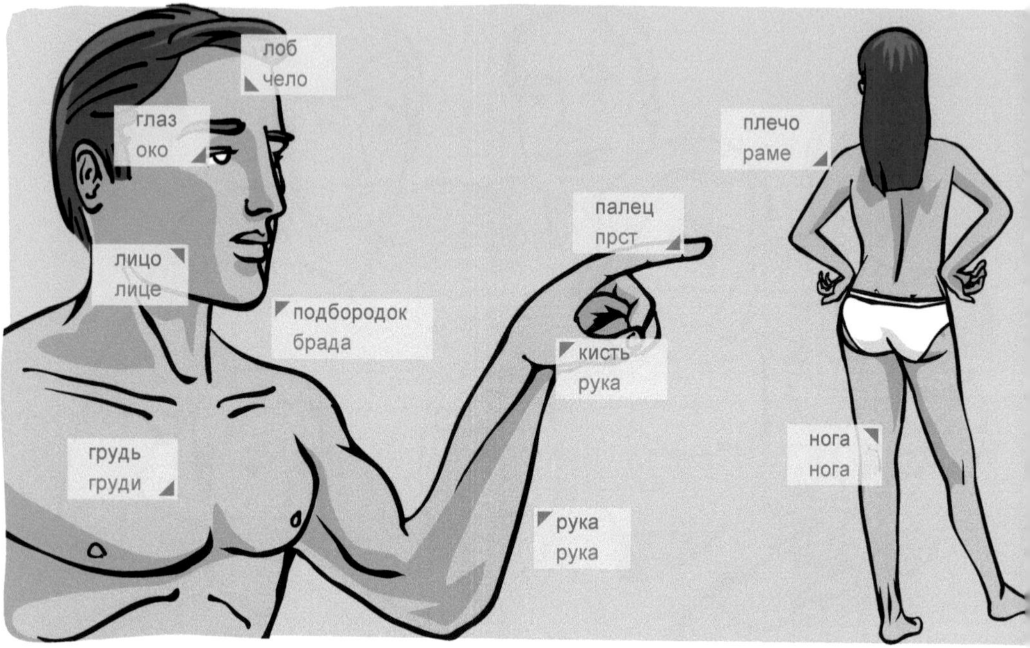

лоб
чело
глаз
око
плечо
раме
палец
прст
лицо
лице
подбородок
брада
кисть
рука
грудь
груди
нога
нога
рука
рука

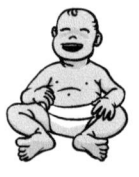

младенец

беба

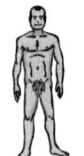

мужчина

мушкарац

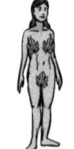

женщина

жена

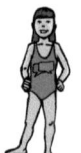

девочка

девојчица

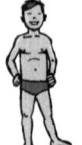

мальчик

дечак

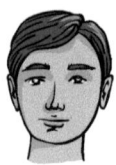

голова

глава

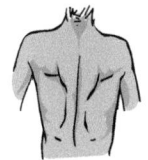

спина
....
леђа

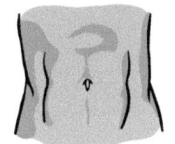

живот
....
стомак

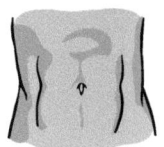

пупок
....
пупак

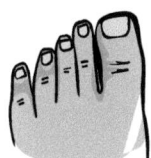

палец ноги
....
ножни прст

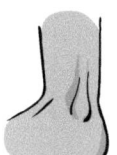

пятка
....
пета

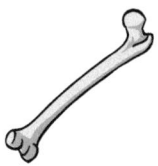

кость
....
кост

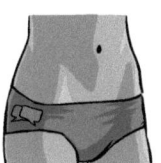

бедро
....
кукови

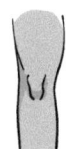

колено
....
колено

локоть
....
лакат

нос
....
нос

ягодицы
....
задњица

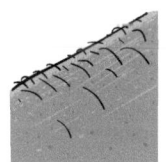

кожа
....
кожа

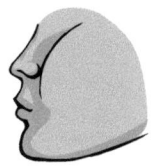

щека
....
образ

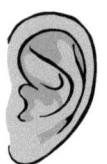

ухо
....
уво

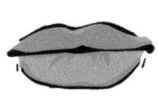

губа
....
усна

рот

уста

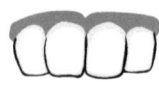

зуб

зуб

язык

језик

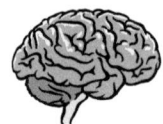

мозг

мозак

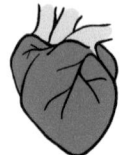

сердце

срце

мышца

мишић

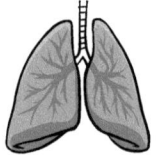

лёгкое

плућа

печень

јетра

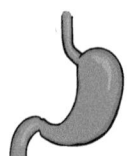

желудок

желудац

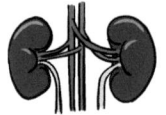

почки

бубрези

половой акт

полни однос

презерватив

кондом

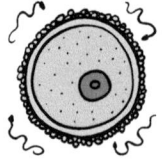

яйцеклетка

јајна ћелија

сперма

сперма

беременность

трудноћа

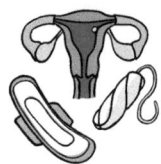

менструация

менструација

вагина

вагина

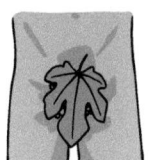

пенис

пенис

бровь

обрва

волосы

коса

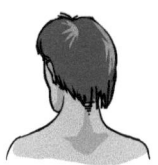

шея

врат

больница
болница

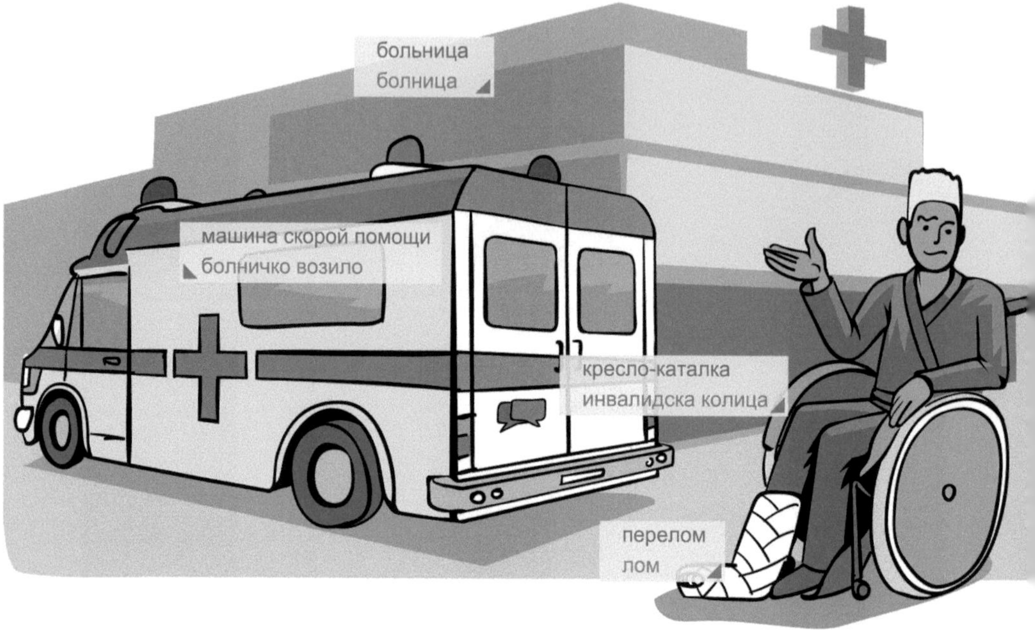

больница
болница
машина скорой помощи
болничко возило
кресло-каталка
инвалидска колица
перелом
лом

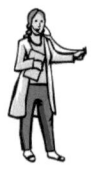

врач

лекар

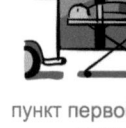

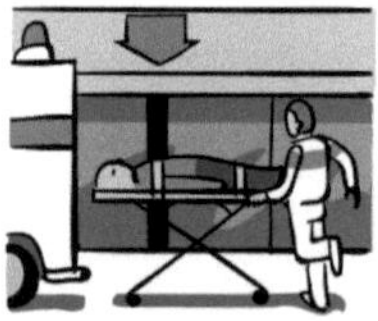

пункт первой помощи

хитна медицинска служба

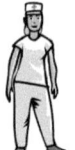

медсестра

медицинска сестра

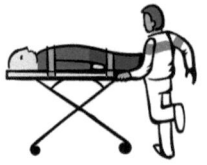

неотложный случай

хитни случај

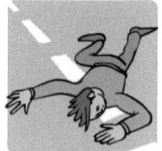

без сознания

несвест

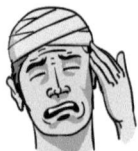

боль

бол

повреждение

повреда

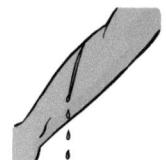

кровотечение

крварење

инфаркт

срчани удар

инсульт

удар

аллергия

алергија

кашель

кашаљ

повышенная температура

грозница

грипп

грипа

понос

пролив

головная боль

главобоља

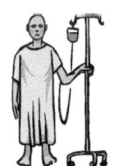

рак

рак

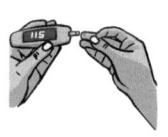

диабет

дијабетес

хирург

хирург

скальпель

скалпел

операция

операција

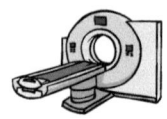

КТ
цт

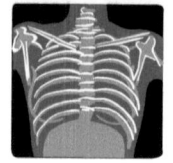

рентген
рентген

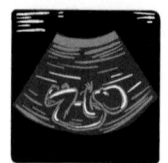

ультразвук
ултразвук

маска
маска

болезнь
болест

приёмная
чекаона

костыль
штака

пластырь
фластер

бинт
завој

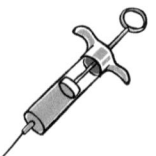

укол
ињекција

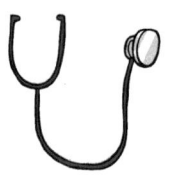

стетоскоп
стетоскоп

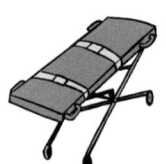

носилки
носила

термометр
термометар

рождение
рођење

избыточный вес
прекомерна тежина

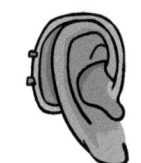

слуховой аппарат

слушни апарат

дезинфекционное средство

средство за дезинфекцију

инфекция

инфекција

вирус

вирус

ВИЧ / СПИД

хив / аидс

лекарство

медицина

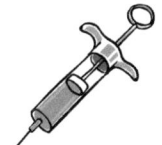

прививка

вакцинација

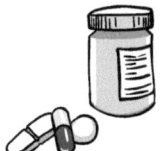

таблетки

таблете

противозачаточная таблетка

пилула

экстренный вызов

хитни позив

прибор для измерения кровяного давления

уређај за мерење притиска

больной / здоровый

болесно / здраво

Помогите!

помоћ!

сигнал тревоги

аларм

нападение

насртај

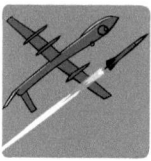

атака

напад

опасность

опасност

запасной выход

излаз у случају нужде

Пожар!

пожар!

огнетушитель

противпожарни апарат

несчастный случай

незгода

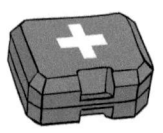

аптечка

кутија прве помоћи

SOS

сос

милиция

полиција

Европа

Европа

Северная Америка

Северна Америка

Южная Америка

Јужна Америка

Африка

Африка

Азия

Азија

Австралия

Аустралија

Атлантический океан

Атлантик

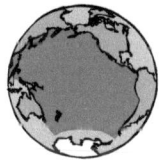

Тихий океан

Пацифик

Индийский океан

Индијски океан

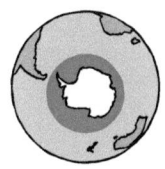

Антарктический океан

Антарктички океан

Северный Ледовитый океан

Арктички океан

Северный полюс

Северни рол

Южный полюс

Јужни рол

Антарктика

Антарктик

земля

земља

суша

земља

море

море

остров

оток

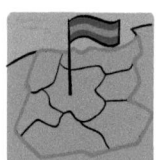

нация

нација

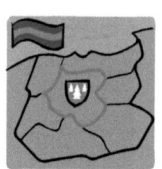

государство

држава

циферблат

бројчаник сата

часовая стрелка

сатна казаљка

минутная стрелка

минутна казаљка

секундная стрелка

секундна казаљка

Который час?

Колико је сати?

день

дан

время

време

сейчас

сада

электронные часы

дигитални сат

минута

минута

час

час

понедельник / понедељак — MO
вторник / уторак — TU
среда / среда — W
четверг / четвртак — TH
пятница / петак — FR
суббота / субота — SA
воскресенье / недеља — SO

вчера
јуче

сегодня
данас

завтра
сутра

утро
јутро

полдень
подне

вечер
вече

MO	TU	WE	TH	FR	SA	SU
1	2	3	4	5	6	7
8	9	10	11	12	13	14
15	16	17	18	19	20	21
22	23	24	25	26	27	28
29	30	31	1	2	3	4

рабочие дни
радни дани

MO	TU	WE	TH	FR	SA	SU
1	2	3	4	5	6	7
8	9	10	11	12	13	14
15	16	17	18	19	20	21
22	23	24	25	26	27	28
29	30	31	1	2	3	4

выходные
викенд

год

година

дождь
киша
радуга
дуга
ветер
ветар
снег
снег
весна
пролеће
осень
јесен
лето
лето
зима
зима

4.APRIL 11°
5.APRIL 4°
6.APRIL 13°
7.APRIL 8°
8.APRIL 10°

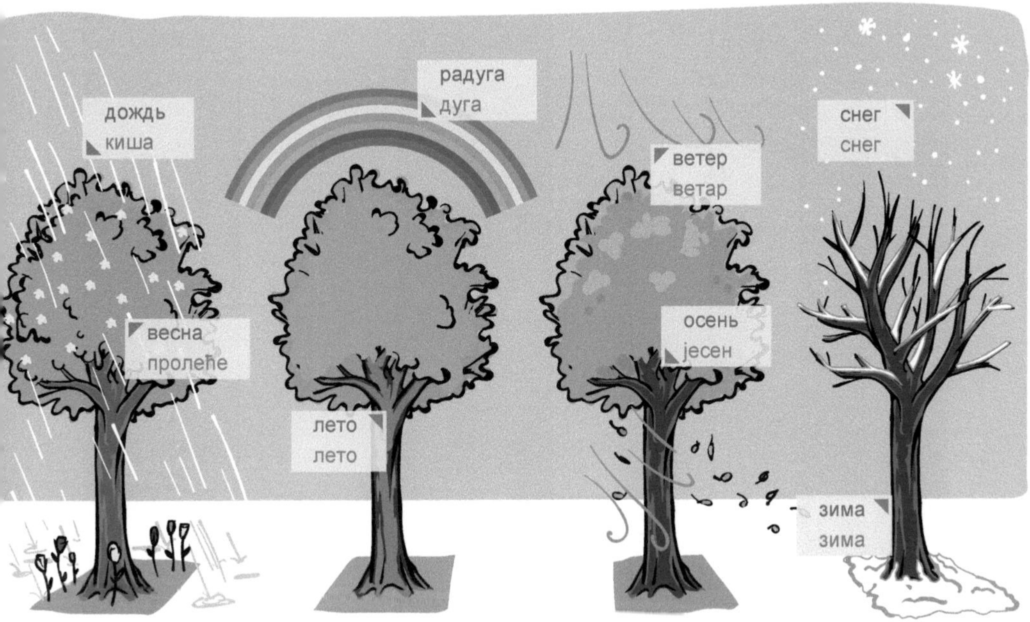

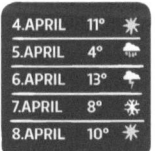

прогноз погоды

метеоролошка прогноза

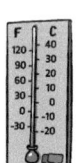

термометр

термометар

солнечный свет

сунчана светлост

туча

облак

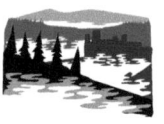

туман

магла

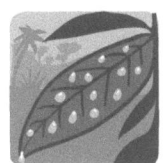

влажность воздуха

влажност ваздуха

молния
....
муња

гром
....
грмљавина

буря
....
олуја

град
....
туча

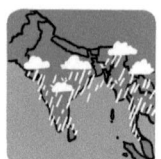

муссон
....
монсун

наводнение
....
поплава

лёд
....
лед

январь
....
јануар

февраль
....
фебруар

март
....
март

апрель
....
април

май
....
мај

июнь
....
јуни

июль
....
јули

август
....
август

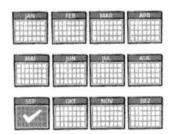

сентябрь
septembar

октябрь
oktobar

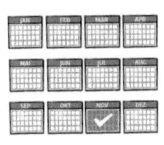

ноябрь
novembar

декабрь
decembar

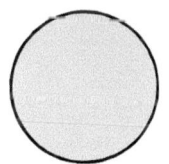

круг
круг

квадрат
квадрат

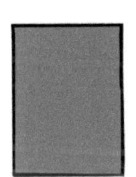

прямоугольник
правоугао

треугольник
троугао

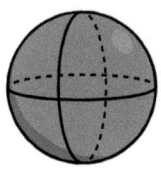

шар
кугла

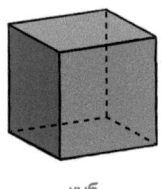

куб
коцка

белый

бела

желтый

жута

оранжевый

наранџаста

розовый

ружичаста

красный

црвена

синий

плава

зелёный

зелена

лиловый

љубичаста

серый

сива

чёрный

црна

много / мало

много / мало

яростный / мирный

љутито / мирно

красивый / уродливый

лепо / ружно

начало / конец

почетак / крај

большой / маленький

велико / малено

светлый / темный

светло / тамно

брат / сестра

брат / сестра

чистый / грязный

чисто / прљаво

полный / неполный

потпуно / непотпуно

день / ночь

дан / ноћ

мёртвый / живой

мртво / живо

широкий / узкий

широко / уско

съедобный / несъедобный

jестиво / неjестиво

злой / дружелюбный

зло / добро

взволнованный /
скучающий
узбуђено / досадно

толстый / худой

дебело / мршаво

сначала / в конце

на почетку / на краjу

друг / враг

приjатељ / неприjатељ

полный / пустой

пуно / празно

твёрдый / мягкий

тврдо / мекано

тяжёлый / легкий

тешко / лагано

голод / жажда

глад / жеђ

больной / здоровый

болесно / здраво

незаконный / законный

илегално / легално

умный / глупый

паметно / глупо

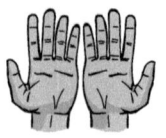

слева / справа

лево / десно

близко / далеко

близу / далеко

новый / подержанный

ново / половно

ничто / нечто

ништа / нешто

старый / молодой

старо / младо

включено / выключено

укључено / искључено

открыто / закрыто

отворено / затворено

тихо / громко

тихо / гласно

богатый / бедный

богато / сиромашно

правильный /
неправильный
тачно / погрешно

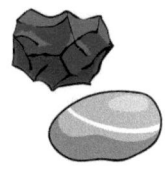

шороховатый / гладкий

храпаво / глатко

печальный / счастливый

тужно / сретно

короткий / длинный

кратко / дуго

медленный / быстрый

полако / брзо

мокрый / сухой

мокро / сухо

тёплый / прохладный

топло / хладно

война / мир

рат / мир

0

ноль

нула

1

один

један

2

два

два

3

три

три

4

четыре

четири

5

пять

пет

6

шесть

шест

7

семь

седам

8

восемь

осам

9

девять

девет

10

десять

десет

11

одиннадцать

једанаест

12

двенадцать

дванаест

13

тринадцать

тринаест

14

четырнадцать

четрнаест

15

пятнадцать

петнаест

16

шестнадцать

шестнаест

17

семнадцать

седамнаест

18

восемнадцать

осамнаест

19

девятнадцать

деветнаест

20

двадцать

двадесет

100

сто

стотину

1.000

тысяча

хиљаду

1.000.000

миллион

милион

английский

енглески

американский английский

амерички енглески

мандаринский китайский

мандарински кинески

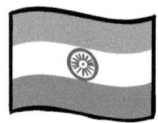

хинди

хиндски

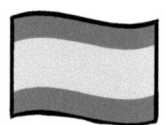

испанский

шпански

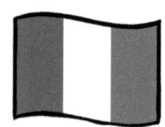

французский

француски

арабский

арапски

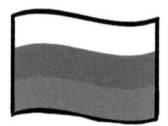

русский

руски

португальский

португалски

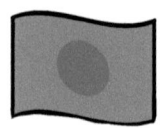

бенгальский

бенгалски

немецкий

немачки

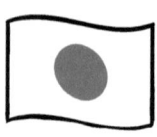

японский

јапански

я

ja

ты

ти

он / она / оно

он / она / оно

мы

ми

вы

ви

они

они

кто?

Ко?

что?

Шта?

как?

Како?

где?

Где?

когда?

Када?

имя

име

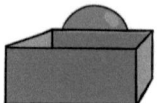

за
....
иза

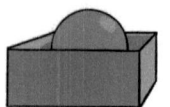

в
....
у

перед
....
испред

над
....
преко

на
....
на

под
....
испод

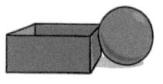

рядом
....
поред

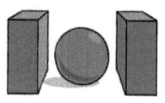

между
....
између

место
....
место